Die Achillesverse des singenden Kurarztes

Dieses Buch widme ich meinen Patientinnen und Patienten, die durch nachdenkliches Zuhören und befreiendes Lachen meinen Texten Sinn geben.

Peter Trunzer

Die Achillesverse des singenden Kurarztes

Gedichte, Lieder, Kabarett

Bibliografische Information der Deutschen Bibliothek:
Die Deutsche Bibliothek verzeichnet diese Publikation in der Deutschen
Nationalbibliografie; detaillierte Daten sind im Internet über
<http://dnb.ddb.de> abrufbar.

© 2006 Peter Trunzer
Herstellung und Verlag: Books on Demand GmbH, Norderstedt
ISBN 3-8334-3675-1

Inhalt

Vorwort

Mein Lieblingsautor Erich Kästner schrieb einmal:
„Kein Buch ohne Vorwort. … Ja, ich hab schon Bücher mit zwei oder sogar drei Vorworten zustande gebracht!… Und wenn es eine Unart sein sollte, – ich werde mir's nicht abgewöhnen können. … Ein Vorwort ist so wichtig und so hübsch wie der Vorgarten für ein Haus."
(E. Kästner, Als ich ein kleiner Junge war)

Also seien auch mir einige Vorbemerkungen erlaubt.

Mal ehrlich: Dichter sind verzärtelte Schwächlinge, die mit ihren wunden Punkten und Neurosen in Schriftform hausieren gehen. Oder?

Im täglichen Kampf um Karriere, Macht, Geld und die attraktivsten Sexualpartner kann man sich Schwachstellen heute kaum noch leisten. Wunde Punkte wären ideale Angriffsstellen für die Gegner. Weich sein – nein! Härte, Sportlichkeit, schnelle große Autos – die Attribute, die einen Mann zum Mann machen, haben mit Sensibilität, Nachdenklichkeit oder gar Poesie nichts zu tun. Meinen zumindest die meisten Männer.

Gedichte machen!
Absolut unnötige Spinnerei, nur etwas für lebensuntaugliche Schöngeister oder Volkshochschulkursbesucherinnnen, die nichts Besseres zu tun haben. Oder?

Es ist eine meiner Schwachstellen: Das Bedürfnis, Empfindungen und Gedanken in eine Sprachform zu fassen, die mehr ist als bloße Mitteilung. Die Hoffnung, beim Hörer oder Leser etwas anzuregen, eine Resonanz, ein Mitschwingen.

Tja, Schwachstellen zu offenbaren ist riskant – man sieht das am (fast) unüberwindlichen Helden Siegfried mit dem verwundbaren Schulterblatt und ähnlich an seinem hellenischen Vorgänger Achill, der perfekt schien (wie moderne Männer halt scheinen müssen) und doch an der Ferse verletzlich war. Deshalb liegt das Wortspiel „Achillesverse" als Buchtitel für eine Gedichtsammlung nahe. Diese Idee ziert allerdings schon andere Gedichtbände, aber nicht in der Kombination mit dem, was ich außer Gedichten noch gern mache: Musikkabarett.

Ja, ich stelle mich von Zeit zu Zeit auf die Bühne und verbreite eine gewisse Art von Humor mit Musik. Ich trete nicht ohne ein gewisses understatement auf, nämlich als „Deutschlands singender Kurarzt". So entstand der Buchtitel:

„Die Achillesverse des singenden Kurarztes"

In diesem Titel vermischen sich die wesentlichen Elemente dieses Buches: Dichtung, Heilkunst und Kabarett.

Dichtung

Verse als Therapie – schon irgendwie! Und zwar vor allem für den Verse Versuchenden. Allerdings weniger für dessen körperliche Gebrechen, als vielmehr für die Art von Verwundungen, die unserer Seele zugefügt wurden: Enttäuschung, Einsamkeit, Trauer, Verbitterung, Angst, Verzweiflung. Das Benennen verhilft zum Erkennen. Als Balsam wirkt das Schöne, das Lichte und Heitere, das Festhalten des Augenblicks. Deshalb dürfen heitere Gedichte neben den ernsten und tiefgründigen stehen, schwärmerische neben zynischen, wohltuende neben aufwühlenden.

Neuerdings hört man: Gedichte sind wieder im Kommen!
Umso besser.

Heilkunst

Arzt zu sein ist heutzutage kein „Halbgottdasein" mehr, eher ein
ständiges Ankämpfen gegen lästige Unzulänglichkeiten des Me-
dizinsystems, die sich manchmal nur durch Fatalismus und (Gal-
gen-?) Humor ertragen lassen. Viele Kollegen reagieren nicht mit
Humor, sondern mit bitterem Zynismus. Da halte ich es lieber mit
der Theorie, dass Humor auch Therapie sein kann.

Ach, eigentlich, recht überlegt: Ein bisschen Halbgott ist schon
noch dabei beim Weißkitteldasein und das ist gut so. Denn ab und
zu wirken Ärzte eben doch heilend. Und so mancher Arztkontakt
soll schon heilsam gewesen sein …

Kabarett

… man merkt es vielleicht: Der Übergang zum dritten Element
ist fließend, der Übergang zu Kabarett und Selbstironie. Dich-
tung wie Medizin haben nämlich eines gemeinsam: Sie neigen
zur Selbstüberschätzung.

Mein Musikkabarett als „Deutschlands singender Kurarzt" ist
eben doch so eine Art Therapie, für mich selbst und für die Zu-
hörer, die ja oft gleichzeitig meine Patienten sind und bei denen
ich immer wieder erleben darf: Lachen befreit!

Deshalb erfülle ich mit dieser Sammlung auch den oft gehör-
ten Wunsch, meine Lieder schwarz auf weiß mitnehmen zu kön-
nen – hier habt ihr sie!

Jahres – Zeiten

Bumm

„Man arbeitet schlecht im Frühling, gewiss, und warum? Weil man empf-
indet. Und weil jeder ein Stümper ist, der glaubt, der Schaffende dürfe
empfinden. Jeder echte und aufrichtige Künstler lächelt über die Naivität
dieses Pfuscher-Irrtums.

Thomas Mann, „Tonio Kröger"

Tja, jeden Frühling überkommt uns Versemacher der Drang, die
Schönheit der Natur in schöner Sprache widerzuspiegeln. Seit
Jahrhunderten gibt es diese Frühlingsgedichte und es kommen
immer wieder neue dazu. „Frühlingskitsch" verächteln die Bes-
serwisser – doch heimlich schwelgen bestimmt auch sie spätestens
Ende März in den süßen Gefühlen, die uns genetisch einprogram-
miert zu sein scheinen. Ich bin wenigstens ehrlich und bekenne
mich zu meinen Schwelgereien. Es lebe der beherzte Dilettantis-
mus! Nicht jeder kann den Nobelpreis bekommen.

Die Plötzlichkeit, mit der die Natur im März aufzubrechen pflegt,
und zwar ohne Kompromisse, auch wenn noch so viele Fröste
drohen, hat etwas Atemberaubendes und auch Beängstigendes.
Irgendwann muss dieser Reichtum an Farben, dieses unschul-
dige Blütenweiß, dieser Duft, diese unbändige Lebensenergie
der Pflanzen doch erschöpft sein? Und doch macht es jedes Jahr
wieder „Bumm" und man stellt überrascht fest – der Winter ist
vorbei!

Bumm

Ein Wunder im Jahr:
Rückzug, der war,
kehrt sich um
und bumm!
platzen sie auf,
die Knospen zuhauf
drängen ans Licht,
man glaubt es nicht.
Verschwendung pur
treibt die Natur,
Blütenschaum
auf Kirschenbaum,
noch eben wie tot,
jetzt weiß, gelb, rot.
Alles zugleich,
überreich,
ein Farbensturz!
Schade, so kurz.

2003

Frühling am Computer

Der Winter geht. In früheren Zeiten ging man hinaus in die feuchtkalte und doch schon irgendwie verheißungvoll riechende Luft, die Bäume noch kahl, doch das aufbrechende Leben schon zu ahnen, man atmete durch und spürte irgendwie ein jugendhaftes Sehnen.

Heute ertappt man sich, wieder einmal in der virtuellen Welt hängen geblieben, die Lungen voll Elektronikgeruch, wie man schlechten Gewissens einen Frühlings-Bildschirmschoner installiert. Wenn ich abends über meinen vielen E-mails brüte und die Natur mal wieder außen vor blieb, frage ich mich oft: Ist das wirklich das Leben?

Frühling am Computer

Draußen schmilzt der Schnee,
ich sitze am PC.
Überall erwacht Natur,
ich drück' die Tastatur.
Der Lenz kommt mir so wonnig vor,
ich starre auf den Monitor.

Die Welt wird grün und bunter,
das lad ich mir herunter.
Narzissen blühen allerseits,
die brauchen 90 Kilobytes.
Die Vöglein zwitschern ziemlich oft
mit Lizenz von Microsoft.

2003

Nach-Frühling

Den Fehler machen wir doch immer wieder: Statt den Frühling zu genießen, erledigen wir dies noch und jenes und wenn es ans Genießen gehen soll, ist sie schon wieder um, die schönste Jahreszeit. Das ist wie im Leben: Die Jugend ist um, bevor man sie zu genießen begonnen hat, dann kommt die Sommerhitze und die Lebenshetze des Alltags, naja, dann schiebt man den Genuss aufs reifere Alter, dann aufs Rentenalter und dann …

Wenigstens die Natur gibt uns die Chance, den versäumten Frühling im nächsten Jahr nachzuholen. Sie ist fairer als das menschliche Leben. Aber auch nicht endlos oft …

Nach-Frühling

Er stürzte vorbei.
Noch eben war Mai!
Das Blühen und Sprießen
wollt ich genießen,
Aufbruch und Kraft,
Farbe und Saft.
Das Lebensfest,
schnell halt's fest!

Er war zu flüchtig.
Ich nahm's nicht wichtig.
Tulpnarzissengeflieder
kommen wieder;
im nächsten Mai
bin ich dabei!

Das hab ich schon oft
gehofft.

2004

April

Meine Generation – die Anfangs der 1960er Jahre Geborenen – auch „geburtenstarke Jahrgänge" oder „Babyboomer" genannt – hat nichts mit der 68er Bewegung, diesen Protest-Utopisten mit garantierter Akademikerlaufbahn zu tun. Unsere Generation sah die Welt ein gutes Jahrzehnt später vor allem durch die Umweltverschmutzung bedroht, dann noch von der wahnsinnigen Aufrüstung und von den riskanten Kernkraftwerken (1979 Harrisburg, 1986 Tschernobyl- in einem April!). Wir hatten weniger Angst um uns selbst, mehr um die Welt als Ganzes.

Ich erlaube mir, auch ein Gedicht aus jener Zeit zu veröffentlichen – ist es eigentlich überholt?

April

Im April sieht man mich lange
unter Bäumen stehen bleiben.
Werden sie, frag ich mich bange,
auch dies Jahr wieder Blätter treiben?

Jene Zeiten sind dahin,
als ich mich zuversichtlich freute
auf garantiertes Frühlingsgrün –
voll Angst ersehne ich es heute.

Der Mensch reißt an sich alles Leben,
Natur erstickt in seinem Rachen,
was sollt' den Bäumen Anlass geben,
aus Totenstarre zu erwachen?

Belächelt meine Zweifel nicht.
Seid dankbar, wenn sie wieder sprießen!
Wenn vollends ihre Kraft zerbricht,
müssen wir es bitter büßen.

1980

Amsel

Beispielhafter Wahrnehmungswandel, jahreszeitengesteuert: Das gleiche ist im Winter nicht das selbe wie im Sommer.

Die Winterdepression und die Sommereuphorie – viele kennen beides.

Amsel

Auf winterharter Erde
träg geplustert hocken,
braun und faul am Futterhäuschen
die Spatzen verdrängen.
Vor meinem Schritt
hüpfst du kaum zur Seite,
angstlose Gleichgültigkeit,
Vogel Langeweile.

Den Abendhimmel
zerteilt die Stromleitung,
schwarz auf rot
und schwanzwippend
dein Dämmerlied gurgeln
von heiterem Sommerfrieden.
Ich muss mich wohl
entschuldigen

1985

Das letzte Blatt

Beharrliches Festhalten als Überlebenskonzept ist manchmal erfolgreich. Selbstbestimmtheit als Element der eigenen Würde: Dass ich wenigstens selbst bestimmen kann, wann ich loslasse, das wäre mir wichtig. Und dass ich erkenne, wann die Zeit gekommen ist.

Das letzte Blatt

Einsam hing es noch, ganz oben,
an des Baumes Gipfel fast.
Es fiel, der Herbstwind mochte toben,
partout nicht, klebte fest am Ast.

Auf Dauer hält's dich oben nicht,
armes Blatt, was kämpfst du noch?
Der Natur Gewalt zerbricht
die Beharrlichkeit ja doch!

Tag um Tag sah ich es zittern,
vom Regen und vom Sturm umbraust,
von Frösten und von Herbstgewittern,
schließlich war es ganz zerzaust.

In einer kalten Vollmondnacht
hat es endlich losgelassen
und schwebt zu Boden taumelnd sacht -
den Sinn versuch' ich zu erfassen:

Ich denke mir: So muss es sein –
bleiben, solang wir Leben spüren,
sogar zerschlissen und allein
können wir den Kampf noch führen.

Doch wenn die Zeit gekommen ist
zum Niedersinken auf die Erde,
dann mach, Herr, weil du gnädig bist,
dass die Landung sachte werde!

1994/2004

Dezember

Wie kommt das, dass all das Weihnachtsgeleuchte und Geblinke die Finsternis eher noch verdunkelt?

Wie kam es, dass ich das schon mit 22 Jahren so empfand?

Dezember

Erleuchtete Fenster.
Neidvoller Blick durch Simskakteen
auf warmes Leben.

Kurzer Tage Licht
tröstet kaum und schon
ist wieder Nacht.

Weihnachtsflimmern
grellt geschäftig über Straßen,
macht Dunkelheit schlimmer.

Kein Wunder.
Der Kerzenverbrauch steigt.
Wie romantisch.

1982

Narrenzeit

Fasching gehört offensichtlich zu den ernstesten Dinge im Leben, darauf lassen zumindest die Mienen der gestrengen Elferräte bei ihren Prunksitzungen schließen.

Leider üblich: Sich selbst ernst und wichtig nehmen, andere aber nicht.

Wahrhaft närrisch: Sich selbst nicht so ernst nehmen, andere schon.

Oder umgekehrt?

Narrenzeit

Herr Doktor, Herr Minister, Herr Direktor!
Wie gut steht Ihnen die Kappe!
Pflichtbewusste Tollheit,
beflissenes Mitlachen haha,
jetzt wird's ernst
mit der Fröhlichkeit.
Lust und Laune
auf Teufel komm raus.
Wer jetzt kein Narr ist, ist ein Narr!
Röcke werden kurz, Ausschnitte tief,
Musik wird zu Lärm.
Super Stimmung solang der Alkohol reicht.
Maskiert euch, dann könnt ihr endlich mal
eure Maske fallen lassen!
Und der wahre Narr
kommt sich ziemlich verschunkelt vor.

1985

Hölle und Paradies im Diesseits

Gedichte sind für das Schöne gedacht, das Zarte und Sensible. Für die Ästheten und Träumer. So eine Art literarisches Paradies. Dachte ich früher. Schreiben als Fluchtraum – das funktioniert leider nicht recht.

Auch die Vertröstungen „meiner" Kirche auf ein jenseitiges Glück im Paradies wurden auf die Probe gestellt, die sie nicht bestanden haben. Genauso wenig wie jene Drohungen mit dem jüngsten Gericht und all den Höllenqualen als Strafe für ein sündiges Leben.

Es gibt Höllenqualen bereits im Diesseits und zwar auch für Unschuldige, die diese Hölle nicht verdient haben.

Krankheit ist nur eine der Möglichkeiten, die Hölle auf Erden zu erleben. Schlimmer noch sind die Qualen, die Menschen ihren Mitmenschen bereiten. Täglich überall auf der Welt, wo gefoltert, getötet, vergewaltigt, ausgebeutet, ausgehungert wird.

Und die Schuldigen leben in Saus und Braus, werden alt und sterben eines gnädigen Todes. Von wegen Höllenstrafen für schlechte Menschen! Diese jenseitige Gerechtigkeit ist mehr als fragwürdig.

Das Schlimmste, was Menschen ihren Mit-Menschen antun können, haben sie schon getan und das ist noch gar nicht lange her. Es geschah nach Christentum, Aufklärung, Humanismus und all den Welterlösungstheorien, die es sonst noch gibt.

Man würde sie gerne verdrängen oder verleugnen, die Berichte über die schlimmste Hölle, die es je gegeben haben mag – die Nazi-Verbrechen an unschuldigen Menschen.

Shoah

Die deutsche Sprache hat sich (was für sie spricht) zu sehr geschämt, das Unnennbare zu benennen. Es gibt einen jüdischen Begriff, der aber auch nicht ganz zum Begreifen führt: *Shoah* – das größte denkbare Entsetzen.

Massenweises Teufelswerk als Menschenwerk. Wie soll ich das fassen? Eigentlich ist das Schlimmste, das in der Welt geschehen kann, schon geschehen.

Mich treibt die Ahnung um, dass es immer wieder geschehen kann.

Shoah

Entsetzen
ein zu schwaches Wort
ich ahne das
Grauen abgrundtief
sofort verschleiert
aus Angst
nicht vorstellbar.

Ein Mensch wie ich.
Zehn Menschen wie ich.
Hundert Menschen wie ich.
Tausend Menschen wie ich.
Hunderttausend Menschen wie ich.
Millionen Menschen und jeder wie ich.

In jedem Einzelnen
grausam wirklich
gnadenlos
gnadenlos
durch Menschen
wie ich.
Und du?

Weißt du noch?

Es gibt ein Gegengewicht zum Bösen auf der Welt, zur Hölle auf Erden: Den Versuch, uns ein Stück Paradies hier und jetzt, im Diesseits, zu schaffen. Das geht, zumindest im Kleinen und in den kostbaren Augenblicken, die wir erkennen, genießen und dort speichern müssen, wo sie als wärmende Erinnerung abrufbar sind.

Das Paradies ist da, wo Menschen sich als Menschen begegnen, einander erkennend, helfend, stützend, miteinander lachend, singend, weinend.

Und dichtend?

Weißt du noch?

Die Hügel glänzen noch im Warmen,
zart verwöhnt von sanftem Licht.
Leichter Wind, gebor'n im Dunkel,
lässt Bäume miteinander tuscheln.

Alles Nahe wird verschlungen
von Schatten, beuteschleichend.
Noch weiß die Ferne sich zu wehren,
blau umsäumt vom letzten Schein.

Weißt du noch, wie töricht
schwelgend im Genuss
wir standen, schauten,
hörten, fühlten?

Du wirst lachen,
heut ist mir's, als ob zaghaft,
ganz geniert,
die Lieder in meiner Kehle kitzelten,
die damals nicht vernunftgehemmt
mit Ungestüm unsern Bäuchen entquollen.

Den Bäuchen, ja,
der Tiefe der Eingeweide.
Sie waren der Seele näher
als die gedankenwirren Köpfe.

Und heute,
spröde abgeklärt,
ist Distanz Vernunft.
Verstand im Kopf.
Im Bauch: Verstopfung.

1982

Flucht paradox

Ein Alptraum, der immer wiederkehrte: Eine Flucht vor einem unbekannten Unheil hin zu einem rettenden Punkt, aber trotz aller Anstrengung ist kein Vorankommen.

Eine als Kind häufig durchträumte Symbolik, die noch heute als Sprachgebilde Angst macht. Aber aussprechen, formulieren, abstrahieren sind Schritte zur Überwindung der Angst.

Flucht paradox

Weiter! drängt's in allen Sinnen,
Angst peitscht erbarmungslos die Glieder,
dem Fürchterlichen zu entrinnen;
Erschöpfung drückt den Körper nieder.

Schon naht's! Schnell fort,
den Berg hinauf,
die Beine kommen nicht vom Ort,
lastende Lähmung hemmt den Lauf.

Die Rettung ist des Berges Höhe,
Geborgenheit winkt dort herab;
doch der Tod ist in der Nähe,
Entsetzen schnürt die Kehle ab.

Gefesselt an die eigne Schwere
versiegt endlich des Leibes Kraft,
die Hände greifen noch ins Leere
beim Fallen – verloren, erschlafft.

1978

Toskana

Auf Reisen gibt es so viele neue Wahrnehmungen zu verarbeiten, dass am Schluss nur noch eine diffuse Erinnerung zurückbleibt. Manchmal aber gibt es Momente der intensivierten Wahrnehmung, die danach schreien, in Worte gefasst und aufgeschrieben zu werden. Destillierte Urlaubserinnerungen.

Toskana I

Das hätt' ich nie gedacht,
dass Eidechsen so daherstampfen
und Froschquaken so dröhnt.

Weil alles sich geöffnet hat,
Licht umspült
Stille gereinigt,
als lernten die Sinne
ganz neu.

1985

Toskana II

Immer nur hier
umherwandern
mitschwingen
im Auf und Ab
den Frieden trinken
und nie sterben

1985

Paradies

Alte derbe Buckelmänner
hacken derbe alte Schollen
kleine Gärten
bei bröckeligen Häusern
zerzauste Hühner
auf dürftigen Misthaufen
von Hutzelfrauen gefüttert
unser Urlaubsparadies.

1985

Husch

Als die älteren Leute früher klagten, das Leben gehe so schnell vorbei, verstand ich nicht so recht, was sie meinten.

Als ich mit einer lebensbedrohenden Krankheit den Tod in meine persönliche Nähe rücken sah, begriff ich.

Ein Gedicht, so kurz wie das Leben.

Husch

Den Vorhang empor
das Licht hervor
den Kampf gekämpft
die Flamme gedämpft
den Vorhang zu
und drauß' bist du.

1983

Abheben

Glück erleben ist ein Stück Paradies auf Erden.

Lange Zeit träumte ich davon, mit einem Heißluftballon davon-
zuschweben und die Welt von oben zu sehen. Und als ich mir
den Traum erfüllte, war es wirklich schön. Die Welt von oben.
Die Welt aus sicherem Abstand. Vieles wird so unbedeutend, dass
man endlich mal wieder nur das Wesentliche wahrnimmt. Richtig
abgehoben eben.

Abheben

Sich lösen vom Normalen
Abstand gewinnen
Und mit der Entfernung
Wird das Hemmende Beengende
Winzig
Und gibt Raum frei zum Glücklichsein.

Das Glück
Ein Wagnis
Denn man könnte
Die Bodenhaftung verlieren
Beim Abheben

2002

Und trotzdem

Einmal muss gestorben werden, aber bis dahin wird gelebt. Eine freche Forderung, nicht wahr, und dennoch der einzige Weg, dem Schicksal zum Trotz zu leben. Wer und was uns daran hindern will, wird bekämpft oder ignoriert. Manchmal braucht man vielleicht Hilfe – aber es geht. Leben geht trotzdem.

Und trotzdem

in Schmerzen sich winden
kaum Trost mehr finden
im Sumpf untergehen
kein Boden zum Stehen
den Tag schwarz verschleiern
Totentanz feiern
beinahe aufgeben
und trotzdem leben

1983

Heute

Dieses Lied entstand zum Jahrtausendwechsel. Das Jahr 2000 war einst utopischer Fernpunkt, in den Fantasyheftchen und in den Vorstellungen von uns Kindern jene ferne Zeit, in der fliegende Untertassen und Roboter unsere Welt dominieren würden.

Es kam anders; außer einer geänderten Nummerierung hat sich nicht viel geändert auf der Welt.

Die Ausrichtung auf das Glück verheißende Kommende wird mehr und mehr zur Illusion, wenn man merkt: Die Jahre vergehen, man tut sein Bestes, doch das reicht nicht, um die Welt zu verbessern. Es reicht noch nicht einmal, um den Alltag permanent glücklich zu gestalten. Es wäre aber auch zu viel verlangt, wollte man ständig genusserfüllt und glückstrunken durchs Dasein schweben. Das kommt eben nur in den ganz speziellen Augenblicken vor, die wir doch immer wieder erleben könnten, würden wir sie nicht zerleben.

Die Momente sind dann, wenn wir uns als Menschen nahe kommen.

Frank Sinatra und Harald Juhnke würden mir meine eigene Version von „my way" verzeihen, glaube ich. Ich fand die Melodie ideal für das Thema „Heute".

Heute

Die Zeit, die Zeit verschwand
hinter der Wand, der Nebelmauer.
Vergessen ist so vieles
und überhaupt nichts bleibt auf Dauer.
Ich schrieb es auf, ich hielt es fest,
was mich bedrückte oder freute,
doch es entglitt,
es hielt nicht Schritt,
mir bleibt nur
heute.

Gehetzt und oft verletzt,
sie sind vernarbt, die Schicksalswunden.
Ich atme durch, ich lebe jetzt,
ich denk', ich hab den Weg gefunden.
Keine Bilanz, kein Blick zurück,
kein Blick nach vorn, der nichts bedeutet;
ich existier',
weil ich es spür':
Ich lebe
heute.

Was nicht gut lief, was richtig war,
ist ganz egal, denn eins ist klar:
All dieser Quatsch, all der Ballast,
wird vom Orkan der Zeit erfasst
und gnadenlos hinweggefegt!
Was bleibt, ist
heute.

Ein Zufall nur, du nimmst mich wahr
und sofort ist die Welt versunken.
Die Zeit steht still, nur noch Gefühl,
das Hier und Jetzt macht uns betrunken.
Ich halt dich fest, wenn du mich lässt,
verschwinden Zeit und Raum und Leute.
Der Augenblick
steckt voller Glück,
was zählt, ist
heute.

Gedichte für Anna

Die Gefühle, die man Kindern (solange sie klein und goldig sind, wenn's gut geht, auch später noch) entgegenbringt, sind doch ziemlich authentisch, oder? Selbst übelste Menschenschinder haben sich schon als kinderliebe Väter entpuppt. Das scheint so eine Art ererbter Reflex zu sein, Kinder zu lieben – zumindest, wenn es die eigenen sind. Diese Gefühle sind wirklich schön – wohl auch so ein Stück Paradieserlebnis auf Erden. Ich will mich da nicht ausnehmen.

Kinder mit ihrer bedingungslosen Liebe, die einfach nur wieder geliebt sein wollen und die das Gefühl des Geliebtwerdens brauchen – wieso eigentlich bricht in vielen Familien diese gegenseitige Liebe irgendwann auseinander? Weil der Alltag sie frisst?

Gedichte werden dies wohl auch nicht verhindern ... doch immerhin:

Für meine Tochter habe ich einige (zu wenige?) Kindergedichte gemacht, Spiegelungen alltäglicher und doch schöner Augenblicke.

Abendgedicht

Vom Himmel schaut der schöne Mond,
der schon lang dort oben wohnt,
herab auf unsern Garten.

Drin im Garten steht ein Haus,
die Anna schaut zum Fenster raus
und will auf Papa warten.

Die Mama ruft: „Komm, lieber Schatz,
wir woll'n zu Abend essen.
Setz dich hin auf deinen Platz
Und Händewaschen nicht vergessen!"

Als sie dann hingesessen sind,
da kommt ein Auto, es ist blau.
Anna ruft: „Ich mach auf geschwind,
der Papa kommt – ich seh's genau!"

Papa sagt: „Hallo, hallo,
ich geb euch beiden einen Kuss!"
Alle drei sind sie jetzt froh
Und mit dem Gedicht ist Schluss.

2001

Wenn wir toben

Es ist laut, wenn wir toben,
auf Bett, Sofa, Gras!
Schubs! Unten wird oben –
Kreisch! Purzel! Lach! Spaß!

Na klar, du bist stärker,
ich geb' mich geschlagen.
Gewönn' ich, gäb's Ärger,
das würd' ich nie wagen.

Es sieht aus wie Streit,
ziehen, knuffen und zerfen,
doch es ist Zärtlichkeit,
wenn wir Kissen werfen.

Wie wir mit Genuss
uns Grobheiten schenken!
Wirst du größer, ist Schluss,
will ich gar nicht dran denken.

2004

Wenn du schläfst

Jede Nacht steh'n wir ganz leise
an deinem Bett und staunen,
wie du versinkst auf zarte Weise
in Federn und in Daunen.

Hingegossen zwischen Kissen,
den dünnen Arm ums Kuschelbärchen
und wir möchten zu gern wissen:
Träumst du von uns oder von Märchen?

Du murmelst, man versteht es kaum,
du lachst und kicherst innerlich,
manchmal weinst du auch im Traum.
Du weißt doch, wir beschützen dich!

Ein Trippeln weckt uns später dann,
ein Stimmchen flüstert: „Ich bin hier",
dann kommst du mit dem Bärchen an
und schlüpfst zur Mama und zu mir.

Selbstverständlich brauchst du Platz
schläfst gleich weiter, still geborgen,
mittendrin als unser Schatz,
den wir hüten bis zum Morgen.

2003

Kranke Tocher

Bauchweh, Fieber, Ohrenschmerzen!
Es geht einem schon zu Herzen,
wenn ein Kind, sonst aufgeweckt,
matt alle viere von sich streckt.

Noch heute morgen gab es Streit,
aber inzwischen tut's mir leid.
Mein Töchterchen wird richtig zickig!
Doch das nehme jetzt zurück ich.

Denn seitdem das Fieber steigt,
hat sie sich lieb und sanft gezeigt,
kuschelt sich zum Papa her
als ob nie was gewesen wär.

Kein sich Weigern, kein Gemaule,
kein „Ich will, ich will" – Gejaule.
Sie hat das Liebsein neu entdeckt!
Gott sie Dank – und dem Infekt.

Wär's öfter so, dann wär' ich froh!
Das mein' ich jetzt nicht wirklich so –
sie ist mir gesund schon lieber!
Obwohl … so ab und zu mal Fieber …?

Und sonst?

Und sonst ist die Welt zu groß und zu kompliziert, um sie zu verstehen. Mit unserer Sprache allein kommen wir allenfalls ein Stückchen weiter. Die Sprache in Gedichtform öffnet aber zumindest ein Stück weit die Dimensionen, die wir einerseits gerne schützen und nicht preisgeben, andererseits aber brauchen, um einander näher zu kommen: Herz und Seele.

Der Musterschüler

Ein Musterschüler war ich eigentlich nicht, nein, eher aufbegeh-rend und aneckend und das hat sich bis heute gehalten. Nicht mehr ganz so selbstschädigend zwar, doch immer noch besteht die Lust an Widerworten, am Infragestellen von Autoritäten und Standardmeinungen.

Unbehaglich sind mir bis heute die Beflissenen und Angepassten. Sie „bringen es zu etwas", weil sie dressiert sind und das tun, was man von ihnen erwartet. Leute mit eigenem Profil sind weniger gewünscht, sie machen dem Durchschnitt Angst. Musterschüler machen wenig falsch, denn es wird ihnen vorgegeben, was richtig zu sein hat. Aber genau deshalb sind sie mit schuld daran, dass sich die Welt nicht zum Besseren entwickelt. Sie tragen dazu bei, dass die opportunistische Scheinvernunft, das Naheliegende, das Autoritäre und damit Lähmende siegt. Eigene Visionen sind ab-trainiert. Anpassung heißt: Teil des Bestehenden werden. Selbst wenn man endlich „ganz oben" ist, fehlen dann Mut und Wille zur Veränderung.

Der Musterschüler

Nie kriegte er Liebe
nur so von allein.
Kein Drücken, kein Streicheln,
kein Kuscheln, kein Kuss.
Nur manches Mal Lob,
doch verdient musste es sein!

Er war stets beherrscht,
zeigte nie sein Gefühl,
nie Toben, nie Lachen,
nie Tanzen, nie Schrei'n,
fiel nie aus dem Rahmen,
blieb immer schön kühl.

Er bog sich schon früh,
das erwartete man,
kein Wenn, kein Aber,
kein Nein, kein Warum.
Was man wollte, das tat er,
so kam er voran.

Und heut ist er oben,
keiner vor ihn gesetzt.
Beflissen müssen die Unteren sein.
Er gibt die Befehle!
Doch wer lobt ihn bloß jetzt?

Im bunten Kleid

Ich kann an keinem Straßenmusiker vorbei gehen, ohne ein wenig zuzuhören und eine Münze in den Instrumentenkoffer zu werfen.

Manchmal sind es so gute Musiker, dass man gar nicht versteht, warum sie auf der Straße spielen, während miese Musiker im Fernsehen kommen. Und warum die tüchtigen geschäftigen Passanten nicht stehenbleiben, um sie zu bewundern.

Ein Kurzgedicht mit zwei verschiedenen Rhythmen.

im bunten Kleid

hastige Straßenschritte
übergehen ihr Lächeln
zerblickte Augen
überhören

ihr Wiegen mit der Melodie
schwarz und wieder weiß
auf der Ziehharmonika
im bunten Kleid

1984

Linde

Symbol für Sommergenuss: Im Schatten einer Linde sitzen, den weichen verheißungsvollen Duft atmen, den leichten Wind spüren, die Heiterkeit des Lichtspiels genießen, und mit alten Freunden plaudern.

Das wollte ich irgendwann und dann immer öfter mal machen.
Wenn man genau hinschaut: Ein Gedicht wie ein Lindenblatt.

linde

baumgeflüster zweiggeraschel
knarren ächzen stammgestöhne
windgerausche blattgeblinke
blütendüfte schattenkühle
motorgeknatter sägenbisse
knirschen krachen
aus der
traum

1984

Normal

Normen mögen hilfreich sein, um eine Verlässlichkeit im komplizierten Miteinander herzustellen. Eigentlich sind mir aber die Menschen am liebsten, die sich auf liebenswerte Weise über Normen hinwegsetzen. Weitaus häufiger scheint mir jedoch der Typus zu sein, der sich nach außen hin an Normen hält, aber im Verborgenen Gesetze und Regeln ignoriert. Der deutsche Spezialtypus scheint derjenige zu sein, der blockwartmäßig aufpasst, dass jeder normgerecht das macht, was alle machen. Doch was alle machen, ist das noch normal?

Das Gedicht „Normal" war als HipHop gedacht. Wie liest man HipHop?

Normal

Buben spielen Cowboy und oft sind sie dann später
Autofahrer, Muskelprotze, höchstwahrscheinlich Väter.
Mädchen spielen Barbie und alles, was sie träumen:
Weiße Hochzeit, schlanke Linie, wohnen in coolen Räumen.

Normal
Die Welt bleibt so, wie du sie lernst.
Normal
Und dieses Spiel ist Ernst.

Ein Schmerbauch schwabbelt vorm TV und wird gefüllt mit Bier,
die Barbie-Mama ist verbraucht, er sagt „Alte" zu ihr,
das Glück kommt in den daily soaps, das Leben ist im Kasten
und morgen früh, da müssen sie wieder zur Arbeit hasten.

Normal
Die Welt bleibt so, wie du sie lernst.
Normal
Und dieses Spiel ist Ernst.

Das Dasein wird euch vorgekaut und schmeckt entsprechend schal,
im Grunde könnt' man heut' schon sterben, auch das wär' ganz egal,
doch wehe, wenn mal einer merkt: ich muss es anders machen –
wenn er nicht das Normale tut, dann hat er nichts zu lachen.

Normal
Die Welt bleibt so, wie du sie lernst.
Normal
Und dieses Spiel ist Ernst.

2003

Nur noch der Wind

Einsamkeit ist manchmal gut – wenn man weiß, dass man jeder-
zeit ins Warme zurückkehren kann. Dass mindestens ein anderer
Mensch da ist. Heute nicht mehr ganz einfach. Vereinzelung als
Lebens-Normalität? Ein altes Lied.

Nur noch der Wind

Der Abendwind
streckt die kalten, grauen Finger nach mir aus.
Die Nacht beginnt,
weites Land wird wie ein fensterloses Haus.

Nur noch der Wind,
was mir bleibt ist nichts als der Wind,
ich gehöre nur noch dem Wind.

Schwarzes Nichts,
hohle Stimmen höhnen, Geister sind erwacht,
aus Dunkel bricht's,
Hex' und Kobold tanzen durch die Winternacht.

Ich bin allein,
möcht' so gern bei Menschen sein,
doch niemand lässt mich zu sich hinein.

Dort – ein Licht:
Leute lachen, Wärme dringt zu mir heraus.
Sie sehn mich nicht,
für mich sind schon lange alle Lichter aus.

Nur noch der Wind,
was mir bleibt, ist nichts als der Wind,
ich gehöre nur noch dem Wind.

Du hörst mir zu!
Und ich dachte immer, mich versteht man nicht.
Sag, wer bist du?
Seit du hier bist, fühle ich ein warmes Licht.

Und jetzt ... schweigt der Wind,
weil ein neuer Tag beginnt
und wir nicht mehr alleine sind.

1981

Danken

Im Grunde brauchen wir nur wenig im Leben: Im Spaß sagte einer mal: „Essen, trinken, ein weiches Bett und weiches Klopapier – das bedeutet Lebensqualität".

Glücksverheißungen durch sinnentleerten Konsum, Ersatzbefriedigungen, teuer und überschätzt und doch vom Lebenszeitvernichter Fernsehen immer wieder aufs Neue aufgedrängt.

Aufgeblasene Hüllen ohne Inhalt, im Beruf, in der Kunst, in den Medien – einfach überall decken sie das Gefühl fürs Echte zu.

Man muss froh sein, ab und an noch auf den Grund der Dinge zu stoßen. Dankbare Momente sind das.

Danken

Die Ansprüche
sind gestiegen.
Das Einfache ist einfach
nicht genug.

Werbepausen
- von wegen Pausen! -
definieren Glück.
Ohren betäubend,
Augen verblendend,
Sinne vernebelnd,
Maßstäbe sprengend.

Schmetterlingsleise Farben,
ehrlich schmeckendes Brot,
Genuss selbst entdeckt,
Schönheit ohne Verpackung.
Es gibt sie noch.
Danke.

2002

Derb und zart:
Kraichgauer Mundart.

Nicht verwandte Volksstämme und gar „Hochdeutsche" mögen es mir verzeihen, aber die Exklusivität der Mundartgedichte hat mich gleich zweifach gereizt: Zum einen versteht sie nicht jeder, und das gibt dem Dialektsprecher ein klein wenig Satisfaktion, weil die derbe Sprechweise im Alltag doch eher am Selbstbewusstsein kratzt, besonders den Schriftdeutschschnellsprechern gegenüber.

Zum andern ist es eine sprachlich-ästhetische Herausforderung, Laute in eine Schriftform zu pressen, für die es gar keine Schriftzeichen, noch nicht einmal Lautschrift gibt. Im Grunde hilft da nur, dass ein Leser aus dem Kraichgau die Gedichte laut vorträgt. Nur dann klingen sie authentisch. Das erhöht die Exklusivität noch.

Heimattümelei allenthalben. Scheußlich die Einbildung, etwas Besonderes zu sein, nur weil man zufällig in irgendeine Gegend hinein geboren wurde:
„Ich bin stolz, ein ... zu sein!"
Stolz? Worauf? Ist der Geburtszufall denn eine Leistung?

Diesem tümelnden Heimatstolz setze ich – nicht ohne Stolz! – die Anarchie eines Dialektes entgegen, und zwar des Kraichgauer Dialekts, mit dem sich niemand wirklich identifizieren mag. Denn der Kraichgau ist eine zersplitterte Landschaft, Übergangsregion, chancenlos gegen Durchwanderungen von alters her, Abschottung unmöglich.
Keine Schwaben, keine Kurpfälzer, keine Franken. Angenehm wenig Identifikationsmöglichkeiten.

Und doch kann man in dem pappigen Lehm dieser Landschaft gut wurzeln.

Dialektsprechen ist eigentlich auch keine Leistung. Dialektschreiben schon eher. Dialektlesen erst recht. Viel Glück dabei.

Soudicher un soudicher
(„Solche und solche")

Korruptions-Sümpfe, Waffenhandel-Schmiergelder, Bankenskandale – was rauskommt, ist nur die Spitze des Eisbergs. Unanständig hohe Gehälter, Provisionen und Abfindungen für unfähige Manager – daran haben wir uns fast schon gewöhnt.

Doch auch im Kleinen erleben wir die tägliche Vorteilsnahme, Pöstchengeschacher und Amigo-Unkultur und das Ärgerliche ist, dass die betreffenden Herren (und Damen) keinerlei Unrechtsbewusstsein haben, ob in Politik oder Wirtschaft und egal, ob sie in ihrem Parteinamen christlich sein wollen oder nicht. Wer anständig bleibt, hat keine Chance. Wer Ellbogen und Tricks benutzt, kommt nach oben. Das gibt dann die „feine Gesellschaft". Diese Verlogenheit kann man eigentlich nicht in geschliffener Sprache anprangern, da ist der deftige Dialekt geeigneter.

Soudicher und Soudicher

S' gibt soudicher, wu allerner alles recht macher weller,
die schufter sich ab un bleiwer onnerweg äm Keller.
Und donn soudicher, wu blouß sich selwer kenner,
die gehner iwwer Leicher un hewwer's donn a schenner..

Die oinder fahrer VW, zwar mit gutem G'wisser,
die hewwer im Leewer noch kaum ebbern b'schisser.
Awwer die G'wiefter mi'm Daimler schloofer a in guter Ruh,
weil des, was die treiwer, g'hert heit oifach derzu.

Do werd getricktst, g'schouwer un g'schmiert,
g'louger, verseggllt – un abkassiert.
Un Sunndichs scheiheilig der Vornehm' markiert.
Un alli sen still, weil jeder profitiert.

Vum Schaffer älloi, do werd kooner reich,
gell, ihr Herrer, des sieht eich a net gleich,
Wer oständig isch, a mol än d'onderer denkt,
werd vun eich ausglacht, do kriegt kooner was g'schenkt.

Dihr stoußt eich g'sund uf Koschter vun der Klooner
un alles schee hehlinger, donn merkt's neemlich kooner!
Fer eich gilt oi Regel, do messt'er uffbasser:
mer derf alles - blouß net verwischer lasser!

1999

Novembersunndich

Lichtmangel verdirbt den Lebensgenuss schleichend.

Auch im Kraichgau, wenn die Herbstmonate sich wie Mehltau über die Landschaft legen. Entfärbung, Entlichtung, Vergrauung.

Die Flucht in den Süden kann nun mal nicht jeder antreten. Eines aber könnte man aber doch, nämlich die Wahrnehmung für die lichten Augenblicke schärfen, sie aufsaugen und in jenem Bereich der Seele abspeichern, wo es am nötigsten ist.

Novembersunndich

Heit moriger hat ämol
d'Sunner g'scheint.
Hell war's draus un's Licht
hat alles freindlich zommerg'schmolzer
un än der Stuwwer
geeler Straifer g'macht.

Awwer jetz hänger die Wolker
dief iwwer der Boomwipfel
wie wonn's net onderscht g'herer deet.

I hab mi g'freit g'hat
heiter moriger, iwwer die Sunner.
S'isch halt net sou bliwwer
un jetz hänger mei Gedonker
äm finschterer Keller
wie wonn's net onderscht gengt.

Awwer g'scheint hat sie g'hat,
heiter moriger, d'Sunner.
Wie wonn sie was versprecher weed.

1981

Moscht

Was trinkt der moderne Mensch?

Wenn ich jene Damen sehe, wie sie mit abgespreiztem Fingerchen am Prosecco nippen! Oder diese Wichtigtuer, die nur den feinsten französischen Rotwein goutieren, einen Grand Cru, am Gaumen samtig, im Nachgang vanillig mit dem Bouquet reifer Johannisbeeren …

Oder die Banausen mit ihren künstlich aromatisierten Alko-Pops, die sie reihenweise in der Seitentür ihres Cabrios stecken haben.

Oder die, die den ALDI-Champagner schlürfen und sich dann wie Claudia Schiffer fühlen.

Gehört ihr etwa schon zur wahren Avantgarde, zu den Trendsettern im Undergound des Getränkewesens? Dann seid ihr sicher informiert:

Man trinkt heute wieder Moscht! (Moscht ist das heimvergorene Produkt aus Apfelsaft, den man für etliche Wochen in einem Fässchen sich selbst überlassen hat. Mit Glück und Verstand ist das Ergebnis genießbar.)

Moscht

Bick' di, bick di, mach di krumm,
do fahrer noch än Haufer Äpfl rum!
Du frog'sch: „Was widd' donn mit dem Haufer?"
Ha, du Seggl: Siißmoscht saufer!

Uffg' leser un än d' Obschtmihl nei,
des gibt erscht emol der Maischebrei,
donn nei än d' Press, do brauch mer Kraft,
unnernaus left nood der Äpflsaft.

Sou goldich, fruchtich, herrlich siiß,
- trink nummer, die Wirkung, die kummt g'wiiß.
Du glaab'sch mer's net? – Des waiß i genauer,
mit sellerm Trunk konn mer priiiima verdauer!

Un donn werrer d'Fässer g'fillt,
nod brodld's do drin sou richtig wild
die Hefe schafft, des schoomt un gärt,
un irgendwonn isch die Brih geklärt.

Hell un klar perlt auserm Spund
än prima Moscht, ah, der isch g'sund!
Jetz hortich eig'schenkt, ou, sou än Genuss,
der Moscht hat alles, was er hewwer muss!

Wer trinkt donn heit noch Cola, Sekt?
Der Zeitgeischt waiß, was wirklich schmeckt.
Alko-Pops? Oh halt dei Goscher,
die sen doch oisegonz abgedroscher!

Aa der Schompus konnsch vergesser,
i waiß ebbes, des isch viel besser,
was oogsaht isch un net viel koscht:
der gute, pure, klare – Moscht!

Herbst 2002

Halt dei Maul

Maul halten – oder Gosche halten – ist eine Überlebensstrategie, wenn die Verhältnisse totalitär sind. Nicht auffallen, sich durchlavieren, notfalls mit den Wölfen heulen.

Das machen die meisten Normalbürger. Die Mächtigen können dich ja auch ganz leicht unter Druck setzen bis hin zur Existenzvernichtung. Hauptsache, mir passiert nichts, die Welt kann ich sowieso nicht verbessern und Mächtige wird's immer geben. Allmächtige.

Kontrolle der Macht geht nur von unten.

Deshalb sollten wir froh sein über die Schreihälse, die vielleicht ab und zu übertreiben, sich aber wenigstens getrauen, die Unmoral anzuschwärzen.

Sie sind mir viel lieber als die pseudovernünftigen Mit-dem-Strom-Schwimmer.

Denn das angepasst-gleichgültige Schweigen unserer fernsehsedierten Mehrheit ermöglicht erst die Arroganz der Macht und des Geldes.

Maul halten – das macht es den Reichen und Mächtigen leicht, die Spielregeln für unsere Gesellschaft zu ihren Gunsten umzudeuten.

Halt dei Maul

I kenn den Spruch scho seit i 'n klooner Bu war,
mei Leit, die warer net grad reich,
i glaab, des war mir ziemlich frieh klar:
Uf derer Welt, do sen net alli gleich.

Wer sou wie mir nix uff'm Konto spart
und frouh sei muß, daß er ä Erwert hat,
isch besser ruhig un mischt sich nergertswu ei:
                    Halt dei Maul, fall net uf!

Un än der Schul, do ging's donn grad sou weiter:
Die Lehrer hewwer's gern, wonn ooner kuscht.
Du hasch koi Chance, un bisch du a viel gscheiter,
buckler musch, sunscht isch dei Not' verpfuscht.

Wer mutig immer nur sei Moinung secht,
dem geht's mit Garantie äm gonzer Lewer schlecht,
sei liwwer ruhich – bisch du noch sou äm Recht:
                    Halt dei Maul, fall net uf!

Inzwischer hawwi selwer Fraa un Kinder,
i schaff' un spar un leg mi for sie quer,
un trotzdem longt des Geld net vorn und hinter,
mein Chef, der zahlt net viel un des isch schwer.

Monchesmol lieg' i die gonz Nacht long wach:
un frog mi, warum bin i sou kloi un sou schwach?
Höchschti Zeit wär's, daß i endlich was mach -
                    Halt dei Maul, fall net uf!

Egal, wer herrscht, es war scho immer ähnlich
ob Hitler, Bismarck, ob Napoleon
der kloone Monn hat Ängscht un kuscht for g'wehnlich,
die Reicher arrangierer sich donn schon.

Werd's widder sou, dass nur der Stärkere gilt?
´s sieht fascht so aus, un des mecht zornig un wild:
Un es werd Zeit, daß mer des Urecht nausbrüllt:
               Mach dei Maul endlich uf!

                                        1997

Filskätheri

Schaurige Sagen mit Gänsehauteffekt? Angesichts all der Horror- und Animationsfilme doch absolut langweilig, oder?

Die Ballade von Katharina Fils, der Waldfrau, die durch die Gehölze meines Heimatortes spukt, gehört zu den Klassikern der Dorfkultur und erzeugt noch immer atemlose Spannung und Entsetzen – horcht her!

Filskätheri

`S werd Nacht äm Underdorf, der Gänshert dreibt sei G'fliggl
hoom,
ä paar Weiwer hocker uff der Kerchhoufmauer unter'm Birker-
boom,
und die alt Marie disslt durch ihrer Zäh':
„Horcht her! I hab d' Filskätheri g'seh'!

Un d'Marie munkelt jetz: „'S war drauß bei der vier Briider,
dort zopf i allerweil als Waldmooschterbliiter.
Uf oimol hat's g'raschlt än meinerer Näh'
un donn haw i d' Filskätheri g'seh'.

Do driwwer zwischer der Holderbisch, do daucht än weißer Gaul
uf,
der hat koon Kopf un ä Fraa hockt verkehrtrum druf,
Sie winkt mer: „Kumm her!"
Do haw i's g'wisst: I hab d' Filskätheri g'seher.

Ä paar vun dener Weiwer lacher, ä paar schittler der Kopf:
„Oh Marie, was verzählsch'ern do for än alter Zopf?"
Awwer d'Marie secht: So wohr iich do steh',
glaabt's na: I hab d' Filskätheri g'seh'!"

Donn steht sie uf un pfeift än d' Nacht naus,
uf oimol steht än Gaul do – die Weiwer packt der Graus!
Sie reit' dervu, isch gleivoll nimmeh zu seher,
un auser'm Finschterer lacht's:
„Jetz het dihr d' Filskätheri g'seher!"

Un der Wind
streicht der Hafterwald entlong
un disslt leis sein Owerdg'song.

Kabarettlieder
von
„Deutschlands singendem Kurarzt"
und dem
„Bruddler Eigeen"

Deutschland singender Kurarzt

Kurkonzerte hatten früher Tradition. Schmeichelnde Stehgeiger, Tanztees, Kurschattenjäger. In dieser morbid-mondänen Atmosphäre durfte so manch' Erholungssuchende(r) ihren bzw. seinen zweiten oder dritten Frühling erleben. Diese Zeiten scheinen vorbei.

Kurärzte nennen sich jetzt „Rehabilitationsmediziner".

Die alte „Kur" hat etwas Anrüchiges. Genauso wie singende Ärzte. Das kann nichts Seriöses sein! Stimmt.

Wenn ich in die Kabarett-Rollen schlüpfe, lege ich die Seriosität in irgend eine Kiste, wo ich sie hoffentlich wiederfinde.

Ich frage mich natürlich immer mal wieder, ob es zu meiner Position als Chefarzt passt, auf eine Bühne zu stehen und komische Texte zu singen.

Die Reaktion „meiner" Patienten und Zuschauer ermutigt mich aber immer wieder. Die Menschen können sehr wohl zwischen Auftritt und Klinikalltag unterscheiden. Ich bin ja auch kein typischer Halbgott-Chefarzt sondern leite eine überschaubare Rehaklinik.

Als singender Arzt oder als „Kraichgauer Bruddler" nehme ich vielleicht den ein oder anderen Zeitgenossen auf die Schippe – vor allem aber mich selbst.

Wenn nach einem Auftritt jemand kommt und sagt: „Seit meiner Krankheit hab' ich nicht mehr lachen können – aber über Sie zum ersten Mal wieder!", dann hat es sich gelohnt, mich zum Kasper zu machen.

Die Lieder wirken eigentlich nur live, aber als „Souvenir" mögen sie vielleicht auch beim Nachlesen das eine oder andere Schmunzeln hervorlocken.

Mein Programm heißt übrigens „G'sund – g'sünder – am sündigsten!" Damit ist klar, um was es vor allem geht, nämlich um die zwei großen Themen des Lebens: Erstens um Gesundheit und Gebrechen. Zweitens um das ewig spannende und unerklärliche Verhältnis zwischen Männern und Frauen. Und umgekehrt.

Für die Dialekt-Einlagen des Bruddlers mögen die anders Sprachigen Verständnis haben, sunscht setzt's ebbes, isch des klar?

Schüchtern-Blues

Schüchternheit, die Angst sich zu blamieren und ausgelacht zu werden – ein Gefühl, das die Schönen und Reichen, die Draufgänger und die hemmungslos Nurfürsichselbstsorgenden wohl nicht kennen. Oder?

Wer denkt, hier werde auch Autobiografisches verarbeitet, täuscht sich kaum.

Es handelt sich um einen Blues.
*   Blues ist die Kunstform der Depressiven, sagt man. Man kann also seinen ganzen Schmerz hineinlegen – unentbehrlich dabei: Die wimmernde Mundharmonika. Leider nur live erlebbar.*

Ein rekordverdächtiges Lied: So viele Reime auf „-üchtern" oder „-ichtern" auf einmal hat es noch nie gegeben.

Ich war vierzehn, und bei mir tat sich schon viel:
Ich hatte im Herzen dieses gewisse Gefühl!
Und da war'n die Mädchen, schön wie im Bilderbuch!
Ich dachte: „Höchste Zeit, dass ich mir auch eine such!"
Doch für mich gab's nur Hohn auf den Mädchengesichtern,
und da wusste ich schon: Ich bin schü – schü – schüchtern!

Dann war ich verknallt, das war mehr als nur Lust!
Die Rosi oder keine, das hab ich gleich gewusst.
Wenn ich sie sah, wurd' ich rot, schwieg und schaute nur nett,
doch meine Freund Joe, der Idiot, der nahm sie mit sich ins Bett!
Ich gehöre halt immer zu den stillen Verzichtern,

und das wird immer schlimmer: Ich bin schü – schü – schüchtern!

Einmal in der Kneipe, ich hatte schon was getrunken,
da war ich gut drauf und hab 'ner Frau zugewunken.
Ich war lässig und cool und ich hatte auch Glück,
sie kam her zu mir und wir schmusten ein Stück.
Doch dann verschwand sie, oh Schreck, und ich war schlagartig nüchtern
Denn auch mein Geld, das war weg und ich bleibe schü – schüchtern.

Ich schwör, ich werd anders, nie mehr graue Maus!
Ich werde ein Arzt und komm voll gut raus.
Ein Halbgott in Weiß und ich strahle vor Wonne,
und die Frauen zerschmelzen wie Schnee in der Sonne!
Die Limousine, die ich fahr, glänzt mit herrlichen Lichtern,
doch das wird niemals wahr – ich bin viel zu schüchtern ....

Oh, wir sind zwar ein Volk von Denkern und Dichtern
Nur bei mir merkt man nichts, denn ich bin schü – schü – schüchtern.
Oh, wie kann man mir nur Selbstbewusstsein eintrichtern?
Hab' davon keine Spur, ich bin einfach schüchtern

Und steh ich einstmals vor den himmlischen Richtern
Ja, dann heißt's jedenfalls:
Mensch, der war vielleicht ... schühühühüchtern!

Ganz in Weiß

Wenn ich auf der Bühne stehe, vor mir all die Frauen, die nur gekommen sind, um einen Arzt live zu erleben, dann weiß ich: Die Schöpfung hat uns Ärzten den weißen Kittel geschenkt, damit wir uns rein und unbefleckt aus der Masse der übrigen Männer, Rechtsanwälte, Steuerberater, Motorradmachos, Latin Lovers, pensionsberechtigter Beamter und Autoprotze abheben. Der weiße Kittel übertrumpft alles, womit Männer sonst Eindruck auf Frauen machen. Der Kittel ist unser Schamanenkostüm, er schafft Vertrauen und regt Fantasien an, was darunter verborgen sein könnte.
Und so praktizieren wir täglich unsere Rituale.
Ganz in Weiß.

Ganz in Weiß in einem Krankenhaus,
so seh' ich, der Traum der Schwiegermütter aus!

Ich bin Arzt, ein Doktor und ein Held,
und ich heil' dich für ein kleines Taschengeld.

Komm zu mir, ich helfe dir so gern,
und ich fahr ein schönes Auto, vorn mit Stern!

Meine Villa dort am Wald
hat die AOK bezahlt,
und sag selbst – seh' ich nicht blendend aus?

Alle Schwestern schwärmen nur
von dem Wunder der Natur,
ganz in Weiß in einem Krankenhaus!

Pickel

Fast jeder männliche Mitteleuropäer kennt das Phänomen: Jene Hauter-
scheinung, die diesen dunklen Pfropf aufweist, vielleicht mit etwas gerö-
tetem oder gar gelblich-eitrigem Hof, übt eine unwiderstehliche Anzie-
hungskraft auf vorwiegend weibliche Ausdrückerinnen aus. Woher mag
sie nur rühren, die Anziehungskraft des Mitessers? Handelt es sich um die
angeborene Verhaltensweise der sozialen Fellpflege, die wir bei unseren
Schwestern und Brüdern, den Äffinnen und Affen, so gut beobachten
können?

Schwierige Situationen im Zusammenhang mit dem Akne-Problem gibt
es immer wieder. Hier ist ein Beispiel:

Ein Pickel am Rücken, und ich bin allein.
Wer will ihn rausdrücken? Mal wieder keine Schwein!
Er füllt sich mit Eiter, ich fühl' es exakt,
er wächst immer weiter, das ist doch beknackt!

Ach Rosi, wo bist du, du fehlst mir so sehr,
ich wünsch mir ganz heftig, du kämst zu mir her,
denn du bist die eine, die einzige Frau,
du könnt'st ihn rausdrücken, das weiß ich genau.

Du bist mir noch böse, ach Rosi, ich weiß,
denn du warst ja immer auf Mitesser heiß.
Ich hab's dir verboten, heut tut es mir leid,
ach Rosi, ach Rosi, wie schön war die Zeit!

Ein Pickel am Rücken und ich komm nicht ran,
wo ist nur die eine, die mir helfen kann?
Sie ist keine Schönheit, sie ist auch kein Star,
doch sie drückt die Pickel ja so wunderbar!

Unsportlich

„Sport ist die schönste Nebensache der Welt! Sport ist gesund!" So sagen die einen.

„Sport ist Mord! Treibe Sport oder bleibe gesund!" Behaupten die anderen.

Ich jedenfalls denke mit Grausen an die Stunden im Sportunterricht, in denen ich wie ein Sack an der Reckstange hing oder vergeblich Hindernisse zu überspringen versuchte, die man verharmlosend „Böcke" nannte.

Oder an die mitleidlose Grausamkeit der Mitschüler, die mich beim „Wählen" immer als letzten in ihre Fußballmannschaft holten, wenn überhaupt. Die Krönung war Sportlehrer Müller, der mich und noch ein paar andere Sportspezialisten regelmäßig zur „Schrottriege" einteilte, um minderwertige Gymnastikübungen zu machen, während die Sportcracks lustvoll ihren Bewegungsdrang auslebten.

Die Rache dafür ist das folgende Lied, eigentlich wieder so ein trauriger Blues mit Mundharmonika-Solo.

Ich bin u-u-u- unsportlich.
Sich regen bringt keinen Segen!
Sport ist u-u-u- unverantwortlich.
Mich bewegen? Von wegen!
Bloß kein Sport! Ich bin dagegen!

Schaut sie an die Typen in den bunten Trikots:
Sie sehn aus wie die Clowns – warum tun die das bloß?
Sie hocken auf dem Fahrrad und stinken vor Schweiß,
danach sind sie impotent mit Schmerzen am Steiß.

Vom Tennis kriegt man nur einen Tennisarm,
vom Reiten fette Hämorrhoiden am Darm.
Nur Boxen, das find ich ziemlich gut,
da verspritzen die Deppen ihr eigenes Blut!

Man meint, das Thema Sport kommt immer gut an,
worüber man mit seinem Chef gut plaudern kann.
Doch mein Chef hat mich vor die Türe gesetzt.
Ich fragte: „Spiel'n se schon Golf oder *ham'se* noch Sex?"

Du hechelst durch die Gegend, deine Zunge hängt raus,
deine Frau lässt inzwischen den Gasmann ins Haus.
Und kommst du dann heim, dann denkst du „nanu",
sie ist nicht gerannt, doch erschöpfter als du!

Darum, meine Freunde, überlegt es euch gut
ob ihr euch mit Sport was Gutes tut.
Schindet euch doch nicht, lebt sportfrei und froh,
schont euch und meidet jedes Risiko!

Tupper

*Die Tupperparty (manche sagen korrekt amerikanisierend statt „Tup-
perware" auch „Tapperwer") ist nach wie vor der Klassiker unter den
vor- oder nachmittäglichen Hausfrauenparties. Die Erlebniswelt dieser
Veranstaltungen wird wohl für immer dem weiblichen Teil der Bevölke-
rung vorbehalten bleiben.*

*In den Nachkriegsjahren gab es viel Prägendes für die deutsche Hausfrau:
Kobold-Staubsaugervertreter. Persilweiße Wäsche. Aldi. Nichts veränderte
die Welt des Haushalts aber so wie Tupperware mit all den unzähligen
Varianten und der unendlichen Haltbarkeitsgarantie. Und es stimmt.
Manches Tupperschüsselchen begleitet mich schon seit meiner Kindheit.*

*Was passiert aber, wenn ein Mann in diese pure Frauendomäne hinein-
schlittert?*

Ich geb' 'ne Party, kommst du auch?
Hat mir ein Mädchen zugehaucht!
Na klar, das war doch keine Frage,
das lass' ich mir nicht zweimal sagen.

Die kleine, die war wirklich nett,
und ich brauchte was fürs … Auge …!
Doch dann wollt' ich meinen Augen nicht trauen,
auf der Party war'n nur lauter Frauen!

Das Ganze war mir gleich suspekt,
ich setzte mich ganz still ins Eck,
ich sah die Frauen da hantieren
und Rituale zelebrieren.

Und irgendwie ist es passiert,
sie ham' mich wohl hypnotisiert,
ich bestellte, nicht zu knapp,
den Katalog hinauf, hinab!

Ihr lacht, doch seid mal ehrlich,
das Zeug ist unentbehrlich,
die Salatschleuder und die Frischebox,
der Pfefferstreuer und der Mikrowellentopf!

Tortenheber und Eierbecher,
Plastikschüsseln noch und nöcher,
Butterdose, Zuckerspender,
doch dann kam das dicke Ende: ... die Rechnung ... oje!

Jetzt hab ich tausend Teile im Schrank,
doch dadurch bin ich völlig blank,
die Bank macht mir das Leben schwer –
und das Mädchen sah ich niemals mehr.

Ich bin am Ende und zerstört,
drum, Leute, wenn ihr etwas hört
von Partys mit Tupper oder Tapper
macht euch so schnell ihr könnt vom Acker!

Refrain: Tupp, tupp ...

Ringelschwänzchen

Ich wurde einmal nach dem tieferen Sinn des folgenden Liedes gefragt.
Eine Hymne für Vegetarier? Ein Loblied an die Freundschaft über den
Tod hinaus? Ein Werbesong für die Metzgerinnung? Eine Warnung vor
den Gefahren des Alkoholkonsums im Winter?
Der tiefere Sinn erschließt sich nicht zwingend.

Das Lied wird allerdings immer wieder gern nach einem guten Schwei-
nebraten gehört.

Es hängt ein Ringelschwänzchen an der Wand
So verletzlich, borstenlos und zart.
Fragt ihr mich, warum ich traurig bin,
schau ich nur zum Ringelschwänzchen hin.

Ich seh' ein Schnitzel in der Pfanne schmor'n,
ein paar Würste baumeln ganz verlor'n,
sonst ist nichts mehr übrig von dem Schwein,
's wird wohl schon im Schweinehimmel sein.

Das war ein Schwein,
ich hab' niemals einen Menschen so verehrt,
nur ich allein kenn' den Wert,
ich sprach mit ihm, wie man nur mit einem guten Freunde
spricht,
deinen Platz in meinem Bauch verlierst du nicht!

Ich weiß, ihr glaubt, dass ich verrückt bin, aber wenn ihr jemals so ein Schwein gehabt hättet wie ich, könntet ihr meine Tränen verstehen. Hört nur zu: Einst kam ich im Winter betrunken nach Hause. Da merkte ich, dass ich meinen Hausschlüssel verloren hatte. Es war bitter kalt und ich drohte zu erfrieren. Da ging ich in den Schweinestall und legte mich zu meinem Schwein und es wärmte mich bis zum Morgen. So rettete mir mein Schwein das Leben. Es war wirklich mein bester Kamerad.

Und sein Schwänzchen hängt jetzt an der Wand,
auch der Schwartenmagen ist noch da,
Leberwurst und Bratwurst sind schon weg,
übrig sind nur Blutwurst noch und Speck.
(So ein Schweineleben hat kein' Zweck …)

Mollig

„Hello, Dolly!" sang einst Louis Armstrong – heute würde er angesichts der vielen fetten Amerikanerinnen wohl eher singen: Hello, Molly!
Mit Rücksicht auf die vielen Millionen Euro, die sogenannte „Ärzte" sich durch Fettabsaugen verdienen, sollte ich dieses Lied vielleicht nicht mehr singen, um nicht unkollegial zu sein.

Denn wer sich meine Tipps zu Herzen nimmt, wird vielleicht nicht abnehmen, aber mit jedem Gramm Speck zusammen froh und fröhlich sein und sich den „Schönheitschirurgen" und den „Abnehmpapst" sparen. Mit dem gesparten Geld kann man lecker essen gehen …

1. Ich bin so gern – mollig,
das ist modern – mollig!
Ich bin dick und rund und gar nicht depressiv.
Ich bin so froh – mollig
und oho! – mollig,
und wenn du's nicht glaubst, erklär' ich's exklusiv:

Das fühlt sich gut an – mollig,
es kommt auf's Blut an – mollig,
wenn du nicht klapperdürr sein willst wie ein Skelett,
iss dich rund,
das ist gesund,
der wahrhaft gute Mensch ist dick und fett!

2. Diät mach Frust – mollig,
Genuss macht Lust – mollig,
So ein Schweinebraten schmeckt doch wunderbar!

Spätzle mit Soß' – mollig
sind famos, – mollig,
wer sich das nicht gönnt, ist reichlich sonderbar.

Drum sei nicht fad – mollig,
komm, iss dich satt – mollig!
Wer die Dünnen schöner findet, ist nicht dicht!
Die Birnenform
wird Schönheitsnorm,
am schönsten ist der Mann mit Schwabbelschicht!

3. Und bist du auch – mollig
zeig ruhig Bauch – mollig,
denn die Damen haben gern was in der Hand!

Du kriegst Appeal – mollig,
und kriegst Stil – mollig,
denn die Speckschicht macht dich doch erst int'ressant!

Der Sex macht Spaß – mollig,
da hat frau was – mollig,
knackig prall und trotzdem weich hat man's im Bett!

Du liebst besser mollig,
als so dürr und knollig.
Dünne lachen uns oft aus,
doch unsern Spaß ham' wir zuhaus,
statt klapprig spröde sind wir lieber – **fett!**

Käsefüße

Dass Menschen an den Füßen schwitzen, ist kein Geheimnis. Geheimnisvoll bleibt aber, warum sich die Leute vor einem Arztbesuch, wo man sich doch öfter mal „frei" machen muss, die Füße nicht waschen, wenigstens die. Haben Käsefüße(Fachbegriff pes foetidus) auch positive Seiten?

Komm'n sie besser nicht in meine Nähe,
halten Sie sich lieber etwas fern!
Denn: wenn ich auch knackig gut aussehe,
riecht mich nämlich niemand wirklich gern.

Refrain:
Man nennt sie Käsefüße, man nennt sie so zu Recht,
wenn Sie diese Füße riechen, dann wird Ihnen schlecht!

Ich geh zum Doktor: „Doktor, riech mal hier dran!"
Der Doktor aber wird gleich unverschämt!
Er wirft mich raus, obwohl ich nichts dafür kann,
dass mein Fußschweiß ihm den Atem lähmt.

Dann wurd' ich für die Bundeswehr getestet.
Der Oberstabsarzt brüllt: „Zieh'n Sie sich aus!"
Ich tu's – und sofort ist die Luft verpestet
und ich denke: „Jetzt flieg ich hier raus!"

Doch falsch gedacht, ich wurde eingezogen,
ich kam zu der Abteilung „Kampfgas neun".
Hier testen Chemiker und Biologen
die Wunderwaffe – doch das ist geheim!

Das Vaterland, das wird von uns verteidigt,
dafür halten wir die Füße hin.
Man nennt uns „Skunks", doch wir sind nicht beleidigt,
denn unser Leben hat nun endlich Sinn:

Wir haben Käsefüße,
wir machen viel Gestank,
dadurch sind wir reich geworden,
Bundeswehr sei Dank!

Obstipation

Mit dem folgenden Lied habe ich mich getraut, in einen der letzten Tabu-bereiche einzudringen: Dass Menschen Schwierigkeiten damit haben, sich richtig „auszudrücken", ist nicht erst seit der fatalen PISA-Bildungsstudie bekannt. Ein großer Mann hat schon länger den Spruch geprägt: „Ent-scheidend ist, was hinten rauskommt!"

Ich sitze auf der Schüssel, die Zeitung ausgelesen,
noch immer kommt kein bissel, so ist's noch nie gewesen.
Ich drücke immer fester, mein Hals ist schon ganz dick,
nun komm, ach komm, mein Bester, doch ich hab heut kein
Glück.

Refrain:
Ich hab Verstopfung,
am Ende kommt nichts raus,
Obstipation ...

Ich geh zur Apotheke, dort bedient ne süße Maus.
Ach, es ist so peinlich: Wie drück' ich mich bloß aus?
Ich stotter' was von meiner Oma und dass ihr Darm nicht funk-
tioniert.
Sie lächelt, ich fall fast ins Koma, sie meint: „Du, ich hab schon
kapiert!"

Refr.: Du hast Verstopfung, ...

Dann gibt sie mir ein Päckchen und lächelt zuckersüß:
„Nimm nur eins von den Zäpfchen, das hilft dir ganz gewiss!"
Ich tat, wie mir geheißen, das Zäpfchen steckt schon drin,

ich hoff' ich kann jetzt sch … schön den Dingen freien Lauf las-
sen,
doch leider haut's nicht hin.

Refr.: Ich hab …

Dann hab ich's aufgegeben, hab einfach resigniert.
Ich muss halt damit leben, bin chronisch obstipiert.
Ich hab sie eingeladen, die Apothekenmaus,
jetzt sitzen wir im Kino … auf einmal muss ich raus …

Refrain:
Jetzt hab ich Durchfall!
Wässriger Durchfall!
Diarrhoe!

Prinz

Schon als Knaben bekommen wir sie vorgesetzt und sie verfolgen uns ein Lebtag lang, jene unvermeidlichen Helden, diese Vorbilder, die wir Männer nie erreichen können und von denen jedes Mädchen träumt, egal, wie alt es wird.

Wer erweckt Dornröschen aus dem Schlaf? Der Prinz.
Mit wem durchtanzt Aschenputtel die Ballnacht? Mit dem Prinzen.
Wer verliebt sich in Schneewittchen hinter den sieben Bergen? Der Prinz.
Und wir sieben Zwerge stehen blöd daneben, wenn er sie auf sein Pferd hebt und davon reitet.

Ein Irrtum allerdings muss dringend aufgeklärt werden: Wodurch wird der Frosch zum Prinzen? Nein, die Königstochter küsst ihn eben <u>nicht</u>, diesen ekligen Frosch, sondern sie klatscht ihn an die Wand, als er zu ihr ins Bettchen will. Die Verwandlung zum Wunschmann durch Zufügen roher Gewalt – klassisch! Wem von uns Männern ist es nicht auch schon so ergangen?

Grimms Märchenprinzen sind das eine. Moderne Märchen allerdings spielen in den Königs- und Fürstenhäusern, in denen es tatsächlich noch (mehr oder weniger) junge Männer gibt, die sich „Prinz" nennen.
Also, <u>ich</u> les diese Zeitschriften mit all den Adligen und den Prinzen drin ja grundsätzlich <u>nicht</u> ... höchstens mal zufällig beim Zahnarzt oder so ....

Sie sind aber auch süß, all diese hübschen jungen Prinzen in ihren feschen Uniformen. Und alle so fein. Und alle haben sie so schöne Frauen. Fast alle.

Schon damals als Kind lernt' ich geschwind:
Ich bin was Bess'res als andere sind,
man hat erkannt, ich bin galant
und das macht mich interessant!

Mein Blut ist blau, das merkt man genau,
doch tief innen drin, da bin ich eine Sau,
dass ihr's gleich wisst, ich bin Egoist,
weil das genetisch so ist!

Ein Prinz, ein wahrer Prinz,
das ist das feinste, was es gibt auf der Welt!
Ein Prinz, ein stolzer Prinz,
das ist der Traum der Frau'n, der ewig zählt!
Sie kriegen weiche Knie, lächle ich, dann hab' ich sie,
als Prinz, als wahrer Prinz, mach' ich sie glücklich wie noch
nie.

Ich besitz' jene ehrwürdigen Gene,
in unserm Geschlecht gibt's nur Reiche und Schöne,
so degeneriert, dass es keinen geniert,
wenn man wild uriniert!

Tja, Adel zu Adel – und befrucht' ich im Stadl
auch schon mal gerne ein einfaches Madl,
das bleibt unter uns, das ist kein Problem,
das regelt mein Papa bequem!

Ich bin's! Ich bin dein Prinz!
Sag, bin ich Märchen oder Realität?
Ich bin's, ich bin dein Prinz,
und weil die Welt nobel zugrunde geht,
will jeder sein wie ich, hach, wie bin ich adelig …
Die Presse will nur Streit, ja klar, das ist der pure Neid!

Ein Prinz, ein wahrer Prinz,
das ist das feinste, was es gibt auf der Welt!
Ein Prinz, ein stolzer Prinz,
das ist der Traum der Frau'n, der ewig zählt.
Ich strotz' vor Arroganz, hab' ja auch den größten … Charme;
als Prinz, als wahrer Prinz, nehm ich euch alle in den Arm!

Koi Weiwer, koi G'schrei

Warum gibt es so viel Krieg, Zwietracht und Kampf auf der Welt?

Worum geht es? Immer ums gleiche: Der Kampf der Männchen um die Weibchen! Das ist bei Löwen, Hirschen und Affen so. Und bei uns Menschen auch, nur ein wenig sublimiert.

Der Kampf um Macht beispielsweise: Nur verkappter Kampf um die beste Chance, seinen Samen loszuwerden.

Der Kampf ums Geld: Nur, damit die besten Weibchen angelockt werden können.

Dicke Autos, viele PS und Autobahnraserei: Verkapptes Imponiergehabe, ähnlich dem Rad schlagenden Puter oder Brust trommelnden Gorilla …

Hat eigentlich schon mal jemand darüber nachgedacht, dass alle diese Konkurrenzkämpfe unnötig wären, müssten wir nicht dieses permanente Rivalen- und Balzverhalten mitschleppen, das uns die Evolution in die Gene gezwungen hat?

Oder was wäre, wenn es gar keine Weibchen gäbe????

Übrigens: Das Wort „Weib" ist im Kraichgauer Dialekt bei weitem nicht so abwertend wie im Hochdeutschen. Eher ehrerbietig wie im Althochdeutschen.

Das Lied „Koi Weiwer" ist in Reggae. Bob Marley würde mir sicher verzeihen, er dachte wie ich.

Männer unter sich sen og'nehm un nett,
mer sieht sie friedlich zommerhocker.
Männer unter sich, die streiter a net.
Wenns blouß Männer gäb, wär alles locker.

Awwer do isch des Problem mit dem weiblicher Gschlecht,
des mecht uns ziemlich zu schaffer,
mit dener Frauer kummer mir oifach net z'recht,
taucht oni uff, werer mir zu Affer!

Refr. Koi Weiwer, koi Gschrei, yeah, koi Weiwer koi Gschrei

S`Lewer wär sou oifach, mit Fußball un Bier
Ha do gäbs niemols än Ärger,
Doch dieser Trieb, der macht uns zum Stier!
Taucht ä Weib uf, sen die Hormone stärker.

Scho mit dem Duft – wonn Männer des wittern,
donn riecher sie fette Beute!
Die Frau erscheint – mir sabbern und zittern,
donn hetzt sie los, die Männer-Meute.

Koi Weiwer, koi G'schrei …

Jeder spielt sich uf un will imponierer,
wie bei Gorillas und Schimponser.
Der Brutalschte siegt, die andern sen die Verlierer,
die schleicher sich, die Wut im Ronzer.

Den Fruscht der Loser kriegt die Welt donn zu spürer,
denn die Aggression die muss raus!
Die messer sich donn abreagierer,
drum sieht die Welt so düschter aus.

Koi Weiwer, koi G'schrei …

Drum meine Damen, tut eich net so zierer,
guckt net blouß uf's Alphamännle,
seid a mol zärtlich zu dener Verlierer,
verteilt die Liebe mi'm Gießkännle!

Donn tragt ihr bei zu Frieden und Glück,
mir Männer kennter uns entsponner.
Beim Liebesspiel lasst koon Loser zurück,
sunscht geht's wieder lous vun vorner ....

Koi Weiwer, koi G'schrei ...

Glatze

Das Lied von der „Glatze" dürfte ich nicht singen, wäre ich nicht selbst einer der Erwählten, die den genetisch programmierten, von der Evolution vorbestimmten Haarabwurf genießen.

Desmond Morris, ein bekannter Anthropologe, schildert in seinem Buch „Der nackte Affe" den entwicklungsgeschichtlichen Zusammenhang zwischen Haarlosigkeit und höherer Entwicklungsstufe. Kurz zusammengefasst: Je intelligenter die Spezies, desto weniger Haare. Und umgekehrt.
Frauen bekommen übrigens selten Haarausfall (an dieser Stelle ernte ich oft Buhrufe, sogar von Männern, wieso eigentlich?).
Und seit ich mein Haar oben offen trage, habe ich viel mehr Erfolg bei Frauen. Allerdings nur bei den intelligenteren.
Desmond Morris weist noch auf einen weiteren evolutionsbiologischen Vorteil der Haararmut hin: Parasiten können sich viel schlechter einnisten …

Ich war noch nicht mal 40 Jahr,
fast noch ein Kind, mit vollem Haar,
kein Mann zum Lieben.
Mein Körper war zwar fast genial,
ich mein, das ist auf jeden Fall
nicht übertrieben.

Vorm Spiegel stand ich stundenlang
und sah mich ungeduldig an,
so beim Frisieren.
Dann endlich war's bei mir so weit
und ich begann so mit der Zeit
Haare zu verlieren!

Einst wie ein Urwald war mein Kopf,
bedeckt mit einem dichten Schopf
von blonden Locken.
Bei Frauen macht' ich keinen Stich,
sie registrierten mich gar nicht,
so blieb ich hocken!

Doch das liegt jetzt schon lang zurück,
mein Haar, es fiel, mein Kurs, er stieg
und meine Chancen.
Die Weiblichkeit schätzt oben licht.
Behaarte Affen woll'n sie nicht,
doch ich krieg' Avancen!

Jetzt bin ich 45 Jahr,
fast noch ein Kind, mit schütterm Haar,
ein Mann fürs feine.
Die zarte Haut erotisiert,
komm her, hast du es schon probiert?
dann weißt du, was ich meine!

Man wird so gern mit mir intim,
mein Gott, was ist daran so schlimm?
Mein Kopf beflügelt
die allerschönste Phantasie
und ehrlich, ich erfülle sie
ganz ungezügelt!

… Nur eines bitte ich mir aus:
ach Mädels, stürmt mir nicht das Haus,
in jedem Falle,
holt euch zuerst einen Termin,
weil ich sonst überfordert bin,
denn ich lieb euch alle …
… ich lieb euch alle!

Du schmacksch so gut

Olfaktorische Reize – also das, was man riecht – spielen in unserer Erle-
benswirklichkeit eine weit größere Rolle, als uns gemeinhin bewusst ist.
Über Gerüche spricht man ja meist auch nicht, zumindest nicht in der
gepflegten Gesellschaft.

Im Dialekt darf es da schon ein wenig direkter zugehen.
    Übrigens: „Schmacker" bedeutet auf Hochdeutsch nicht schmecken, son-
dern „riechen".

I find du schmacksch so gut, I find du schmacksch so gut,
I find du schmacksch so gut, un des geht voll ins Blut,
mmh, du schmacksch so gut!

Sou än Veilchenduft, ha sou än Veilchenduft,
sou än Veilchenduft der zieht durch die Luft,
mmh, Veilchenduft!

Ha, än Hauch Jasmin, uh än Hauch Jasmin,
sou än Hauch Jasmin isch do a mit drin,
mmh Jasmin.

Doch irgendebbes fehlt, doch irgendebbes fehlt,
ja irgendebbes fehlt, wie ich dein Duft beschreiwer kennt,
ebbes fehlt.

Du schmacksch nach Majoran, und auch nach Thymian,
Nach Zwiebel un nach Lauch schmacksch du auch,
Marou und Lauch.

Mmh, was isch des bloß, mmh, was isch des bloß?
mmh, was isch des bloß, du schmacksch jo so famos,
mmh was isch des bloß?

Du schmacksch nach Lewwerworscht, Du schmacksch nach Lew-
werworscht,
Du schmacksch nach Lewwerworscht, ah, des verzückt mi
fascht,
ah, Lewwerworscht!

Lewwerworscht, guti Worscht,
jeder isst gern Lewwerworscht,
Worscht, oh Worscht mei Baby Worscht.
Lewwerworscht schmeckt mit Moscht,
un der Moscht isch for der Dorscht,
Moscht, oh Moscht mei Baby Moscht.
I mag koi Eiscreme un koi Grießbrei,
awwer Lewwerworscht, des schmeckt eiwondfrei!

Mit Senft un Gurker, isch's noch besser,
sou ebbes gut's hasch no net gesser …
Lewwerworscht, guti Worscht,
Worscht, oh Worscht mei Baby Worscht.

Masseur

Das Lied „Masseur" bildet in der Regel den Abschluss eines Auftritts. Seine einschmeichelnde Melodie, das Kokettieren mit einigen etwas schlüpfrigen Passagen spricht vor allem Frauen an – offensichtlich besteht ein deutliches Defizit an Streicheleinheiten.

Ich bin ein Masseur, ein Virtuose der Körperkultur,
meine beiden Hände sind Streichelinstrumente,
voll Kraft und trotzdem zart.
Denn ich bin Masseur, ein Virtuose der Körperkultur,
knete alle Stellen, auch die ganz speziellen,
auf besondre Art!

So manchen Fall von Depression
und von Melancholie
Heilt' ich durch Muskelkompression
und Chirotherapie.
Und plagt auch dich die Seelenpein,
dann komm zu mir, ich lad' dich ein,
denn so bleibt dir erspart der
Doktor und Psychiater.

Die Frau, die sich mir anvertraut,
verklemmt, verkühlt, verspannt,
wird weich geschmeidig aufgetaut
durch meine sanfte Hand.
Madame, sind Sie gefühlserstarrt,
im Innern hart wie Stein?
Ich führe Sie unendlich zart
ins Paradies hinein!

Denn ich bin Masseur, ein Virtuose der Körperkultur,
bringe beim Massier'n alles zum Vibrier'n,
komm, lass' dich berühr'n.
Ich bin ein Masseur, ein Virtuose der Körperkultur,
und mein Fingerspiel bringt dir Wohlgefühl,
lass' dich ruhig verführ'n!

Will deine Frau nicht so wie du,
macht widerspenstig Mätzchen?
Ich zähme sie für dich im Nu,
dann schnurrt sie wie ein Kätzchen.
Und liegt sie dann in deinem Arm
und flüstert dir ins Öhrlein -
sei nicht erstaunt, wenn sie sich wünscht:
„Ach mach's wie mein Masseurlein!"

Ich brech' die Rippen der stolzesten Frau'n,
weil beim Massieren ich so leidenschaftlich bin,
da brauch ich nur mal fest draufzuhau'n,
und schon isse hin!